U0128220

張克雄 著

中國

歷史上失落的文明

第三版

麗文文化事業

■ 國家圖書館出版品預行編目資料

中國歷史上失落的文明／張克雄著. －－三版. －－
高雄市：麗文文化, 2018.03
　　面；　公分
ISBN　978-986-490-114-2(平裝)

1.文明史　2.文化史　3.中國史

630　　　　　　　　　　　　　　　107003367

中國歷史上失落的文明

三版一刷・2018 年 3 月

著者	張克雄
發行人	楊曉祺
總編輯	蔡國彬
出版者	麗文文化事業股份有限公司
地址	80252高雄市苓雅區五福一路57號2樓之2
電話	07-2265267
傳眞	07-2233073
網址	http://www.liwen.com.tw
電子信箱	liwen@liwen.com.tw
劃撥帳號	41423894
購書專線	07-2265267轉236
臺北分公司	23445新北市永和區秀朗路一段41號
電話	02-29229075
傳眞	02-29220464
法律顧問	林廷隆律師
電話	02-29658212

行政院新聞局出版事業登記證局版台業字第5692號
ISBN 978-986-490-114-2 (平裝)

麗文文化事業

定價：350 元

民國 89 年～91 年核發的會員證

高雄市中華文物研究學會

作者：

張克雄 63 歲，高雄出生，安徽省涇縣人

作者服務單位：

1.前聯勤第六十兵工廠

2.前唐榮公司中興合金廠

3.前經濟部台機公司

4.前左營海軍第一造船廠

感　謝

國立中山大學副校長黃志菁先生
推荐麗文文化事業李麗娟小姐暨
全體工作同仁協助出版。

目　次

附錄二　187

中國古代，中國清代　189

民國初期～民國時期　211

序 言

　　人類活動軌跡的延續，這些活動的軌跡就叫作文明。

　　中國大陸黃河流域一帶在 3000–4000 年前就有人類活動的遺跡，隨後在各時代的遷變中，難免有些文明被破壞，損毀、遺失或消滅，然這些文明在後期陸續被人發現，挖掘出新的事證，前者已逝，後人應對於新的歷史文明，做出新的檢視與修正。

前國立台灣藝術教育館，展覽演出組，簡任組主任

王朝安 Nov 2015

教育部，國立台灣藝術教育館
簡任十職等組主任王朝安獎章證書

寫「龍」的感言

　　我生肖屬「龍」，從小就對「中國龍」存有一份好奇、一分喜愛的感情，小時候過新年時，小孩們最愛玩大龍炮，去炸空的罐頭罐子，把空罐頭罐炸到二、三樓高。及長讀縣立鳳山中學迷上閱讀幼獅文藝裡的「龍」這個故事，時光太久了，我記不得誰寫的，好像是司馬中原先生寫的。

　　讀縣立鳳中時也迷上一個女生，她讀三年級，我讀一年級，但她每天經過我班門口的樓下，長的很漂亮，聽說她住鳳山黃埔新村，她的名叫胡錦，後來她當了名演員。

　　在聯勤第六十兵工廠工讀期間，有位第七期學長叫劉麻生，他在水電所對我很好，帶我去他家，看他收集的郵票。他收集了很多精美的郵票，花了不少錢，我的收藏嗜好就從他那兒開始學習的。

　　在台灣機械公司時期，只要有假日，我和好友歐陽宇先生，跑高雄、台南、嘉義、屏東，到處去買中國清代「龍銀」。那時喜愛收藏大陸各省「龍銀」，也是瘋狂入迷，甚至還跑到香港國際錢幣展銷會去買金幣、銀幣。

　　之後，在海軍造船廠工作期間，偏重於收藏古文物。當我在內惟黃老師家中，第一次看到龍首銅匙時，我以為是隻鵝，因為在六十年代有一個美國合唱團，叫鵝媽媽合唱團（Mother goose），後來看清楚了，原來是隻龍。

　　牠並不像古代圖像上的龍那麼兇猛，反而是露齒微笑、抬

頭豎耳、無角無鬚、兩眼直視，可愛極了，我決定買回去好好研究這件古文物。

它奇特的造形，散發出的魅力，吸引著我，買來後查遍中國大陸、台北、日本、美國的各博物館，都沒有關於牠的資料，難道是歷史上的偉大發現。

然而歷史上漢代未曾出現過龍形器物之具象造形，它有美的外觀，又具有實用的功能與視覺巧妙的構體，按照美的法則創造出這件傑出的工藝品，真是驚嘆在漢代就有這樣的王室藝匠。更慶幸的是，它相伴著我二十多年。

我之所以把我多年的收藏品，拿出來與世人分享，是讓我們後代子孫，龍的傳人，認識我們中國人的祖先，在 2000－3000 年前，就有高人的智慧、敏銳之觀察力、巧妙的心思及精湛的技藝，製造出驚人的工藝品。

退休後，回想過去種種，我這一路走來，也遭遇到許多的挫折與不如意，很幸運的也遇到許多的好長官、好長輩、好同事、好同學、好朋友，也真心的感謝他們的敎誨、勸導、扶持、幫助、勉勵、在此我深深的祝福他們（以上人員）幸福、美滿。

郭履基	王　峰	張維晉	岳志道	張　曙	程訓蒙
劉麻生	趙根柱	李京明	周　翔	賈寬義	黃興邦
張子鹿	吳株林	林經台	黃雲龍	張台伶	魏海南
張　正	馬松濤	沈達夫	黃雲傑	傅尚浙	龔德芳
姜建文	唐宏鐘	楊九麟	王世勇	童文正	楊紀斌
何民峰	謝高生	彭佩傑	馬亭兆	李濼洲	謝定國

馬陵生　李石良　鄭建華　錢緒海　黃崑謀　傅秋淑
李定宇　張麗俐　鄧蘇菲　張南陽　利榮福　高永和
汪明俊　汪介本　張逢烈　張友賓　甘文彬　宋明勳
盧開全　黃成水　鄭泰成　王為春　鄭天河　王銀鍊
胡　彪　趙　清　李達亮　張耀賢　歐陽宇　張美蓮
張玉霞　孫鐘毓　萬物明　糜朝明　管組長　戈四美
應紀財　蕭仁吉　陳萬達　羅建中　張振昌　李明皋
郭福仁　徐炳林　張惠堂　江國城　楊育讚　江錦龍
蕭仲博　周裕隆　鄭錦誠　馬惠民　林次郎　王世雄
杜豫台　陳琼林　荊台生　王朝安　周玉成　陳有鵬
陸景陽　劉　珩　劉寶進　任秀芬　張瑞吉　劉鳳達
陳宗禧　韓貴陽　陳意和　羅立維　郭金鈴　楊淑嫻
王才宏　周迺玲　張宗瑞　施雪芳　江鳳雪老師
陳麗君老師

文字篇

漢代・鎏金龍首銅匙

　　首先，我先來自我介紹我自己給各位讀者認識，向大家問好。

（中文）

哈囉，大家好，你們認識我嗎？你們以前見過我嗎？我的名字叫「鎏金龍首銅匙」。我生於中國的漢代，至今已有二千多歲了。

（英文）

Hello everyone. Do you know me?

Have you seen me before?

My name is GILT–BRONZE DRAGON HEAD SPOON.

And now, I have been living for more than 2000 years.

我在漢朝宮庭中只是一個湯匙，我曾經服侍過漢王，漢王用我祭祀天地，宮庭豪宴，慶祝征戰勝利，我見過中國漢朝歷史上諸多名人、美女、王室貴族，但也隨著王崩朝滅，跟著王朝長埋地下，然

你看龍媽媽是不是沒有蛀牙

而漫長歲月經過2000多年，我又重見天日，我很感謝我的主人，願意將我公諸於世。

至於我的外貌，隨著時光歲月的流逝，我的鎏金衣衫早已褪色破舊，身覆銅綠，不復以往的光亮外貌，但我雖老，神采依然、特徵鮮明、造形巧緻、製作精美。

希望大家認識我、欣賞我、善待我，我也期望這個世界上沒有戰爭、沒有饑餓、沒有災難、沒有疾病，世界和平，也祈求兩岸人民生活富足，快樂健康，天佑中國，天佑台灣。

以下兩則作者與孫女的對話，看古董書太嚴肅了，輕鬆一下。

我的小孫女對我說：「爺爺！——我昨天晚上要睡覺的時候，在床上看到了一隻蚊子喲！我有和媽媽講，後來那隻蚊子飛走了，不知道飛到哪裡去了。」

爺爺說：「那它有沒有叮咬你？」

小孫女說：「沒有，它沒有看到我。」

童言童語，天真無邪，不論她們看見的、反應的、回答的、直覺的說出心中的話，純淨的語言，聽在大人的耳裡是一種美，再展現出一種無邪、無知、無奈、無辜、茫然的表情，它不是傻，而是世間純淨的自然美，古文物亦然，呈現出古樸、自然、真實的美。

作者與大小孫女在自家庭院中澆花種菜

龍媽媽沒有蛀牙

我的大孫女讀小學二年級，早晨愛睡覺，上學時，她媽媽又叫不醒，而且又不愛刷牙，因此有一顆小蛀牙。

我說：「你看龍媽媽都沒有蛀牙，因為她每天都刷牙。」大孫女回說：「爺爺，你騙人，她又沒有手，哪會刷牙啊！」我頓時不知如何回答。

之後，我才領悟，對小孩子，用虛擬實境 VR（Virtual Reality）的隱喻語意，她（他）們是不能理解的。

對我來說，龍媽媽這件古文物，我覺得她是有生命的一件古文物，她走過 2000 多年，看過歷史上很多人物，雖然她很長一段時間，靜默在地底，當她再走入紅塵，仍然是光輝燦爛、風華依然、昂首挺胸、精神十足，我給予她人格化的定義，是因她真是一件給人一種富足討喜、精神振奮、驚艷造型非常傑出的作品。

你看我是不是沒有蛀牙

山中傳奇之一

　　我在這兒也寫下我當兵時，親眼看見的兩件怪事，難以忘懷，讓讀者也來分享一下眞實的山中傳奇。

　　先說第一件親身經歷的山中傳奇之事。說起來已是 43 年前的往事了，我服兵役 2 年，陸 2 特兵種，在台南隆田的預 8 師服役。我記得是 24 旅 9 營兵器連，連長少校好像名字是蕭錦屛，旅長好像名字是鄭士毅上校。

　　某日深夜 4 時，我值安全士官下值更，順便帶兩名衛兵上哨所，也順便把下崗哨的兩名衛兵帶回，哨所地點是彈藥庫與對空監視哨[1]。兩個哨所都在山上，而且離連部有 1 公里半的路程，而且有一段是上坡小山路，小山路兩邊古墓很多，雜草叢生，墓多很殘破，墓碑多爲大正時代或昭和記年，兩邊樹木高大、竹林茂密、陰黑光線不入，樹上鳥巢很多。

　　時至深秋，夜有涼意，我背著 M1 步槍走在前面，兩衛兵背槍跟在後面，沿途靜靜的走著，很少交談，當走入上坡的

---

[1] 對空監視哨爲一碉堡哨所，通常在高地且僞裝隱蔽，功能是防止中共米格機對我國都市及重要地區轟炸及破壞，故用高射機槍予以擊落，通常附設一至二挺高射機槍，當時的防空飛彈不普及。

對空監視哨離彈藥庫很近，主要是機槍彈藥供給便捷，且附望遠鏡一副，不過那時機槍已拆除。

山路半途中，在前面 10 公尺的大榕樹上，突然掉落一大坨物體，「叭」的一聲非常大聲，瞬時嚇得我們三人回頭就跑，跑了有 50 步遠，我就停下來，兩名衛兵也停下來，我們三人回頭看，那坨黑黑的東西也不動，我們也沒帶手電筒，也不知道那是什麼東西，但也不敢前進。

我是班長，我又怕要下崗哨的衛兵等著換班，會抱怨時間到了上崗哨的衛兵怎麼還不來。

於是，我不能耽誤時間，我鼓足勇氣（上了刺刀往前衝去，準備和它拼了），結果一看，是一條大黑蛇，可能去吃鳥巢，從高樹上掉下來，蛇身骨節摔斷全身痛苦抖動，不能爬行，蛇頭無法昂起，但有吐舌，嘶嘶作響，好不怕人。

接著，我們三人商量結果，還是把它打死，把頭打扁，但蛇身還在動。之後兩名衛兵順利去上哨，我請下崗哨的兩名衛兵，回途時順便拖回連上報告連長，兩名下哨衛輪流抓尾，拖回連上，途中，衛兵對我說：「班長，它好重啊！快要拖不動了，也太長了，它大概有 7、8 斤重。」

我說：「慢慢拖著走。」走到連上，放在連集合場的右邊地上，向連長報告，連長叫連上補給老士官長出來看看是如何處理，那時天色已亮。

補給士官長是福建人，自稱小時吃過蛇肉，就用擦槍用的綠布條，將蛇頭綁吊在最高的單槓上，而蛇的尾巴還有 1 尺在沙地上，你說說看那條蛇有多長！蛇的身體有人的手膀粗，黑色的鱗片有人的指甲一樣大。

士官長用一把利刀，從蛇的頸部切開，開腸破肚帶剝皮，真是奇怪，它的身體還在動，蛇頭已被打扁，看不出來是什麼

種類的蛇，至於蛇膽和蛇皮我就不知到哪兒去了。之後，士官長到營廚房借了一個大鋁鍋。

在營房角落處，用磚頭蓋了一個灶，用乾樹枝生火烹煮，放入薑絲和鹽巴煮來吃，美味極了。全連下士、班長以上幹部，每人一碗，享用野味美食。

事後，有一位廖班長對我說：「張班長，如果那晚，你走快幾秒鐘時間，那條大蛇就掉落在你身上，你該如何處理？」如果掉落在我身上，我還真不知如何處理，我一定嚇昏倒。

不過我心想，我自幼沒做過任何一件傷天害理的事情，也應該不會發生這麼糟的事吧！這就是我服役的一次奇怪遭遇。

山中傳奇之二

　　我再說一件山中傳奇的故事，我要退伍的前 3 個月，我在北投國華高爾夫球場上面的小坪頂營區服役，在小坪頂營區外有一靶場，偶爾也有政戰學校女學生來這裡，上卡賓槍射擊課，也可以在靶場上，觀看到山下的政戰學校大操場的學生週會及閱兵校閱等訓練場景。說實話，小坪頂營區離台北市很遠，反而離淡水很近。

　　營區在海拔 300 公尺的半山腰，夜晚看北投的夜景很美，後面是片樹林，也有百姓住家 7、8 戶左右，有幾戶開雜貨舖，賣泡麵、改衣服，也引流山泉水接在大水缸中存放，給阿兵哥洗澡用，洗一次 10 元。因為小坪頂營區住在高處且缺水，營區洗澡用水有管制，所以生意很好，在冬天很冷且多霧，下午 3 時天就暗黑了。

　　營區的後門出去，有條山路小徑，是通往新北投的下山小路徑，但是中途要經過大片樹林，沿途沒有人家也沒有電線桿，非常原始安靜、空氣清涼，時常看見竹雞出來活動，大小都有，也不怕人，很難捕捉，因為它會飛。

　　後營區的散居戶中，也有幾戶是外省單身退伍老兵，也有單身退伍老兵久病厭世，利用夜晚在樹林中，上吊自殺，吊死在樹上兩、三天才被發現，引起騷動後報警處理。

　　某天，連上無兵員，除了留守人員幹部外，其餘人員可放

假下山，但夜晚晚點名前回營就好。

我那天上午換好便服準備下山到新北投去打保齡球，在那時的新北投陸續開設了很多保齡球館，爲了便捷我必須走後營門下山的小路徑。

我單獨一人，走後營區衛哨，沿下山小路徑慢走下山。當走在那片大樹林中很安靜，但總覺得後面有人跟著我，我每次回頭看時什麼都沒有，奇怪的腳步聲，總是在我腦海中浮現。

咦！奇怪，前面有一位年輕女子，距離我有 25 公尺遠，身穿一件淺白綠色洋裝，長髮及肩，半側面向著我，她也不正面向著我，我也無法看清她的長相。

一個人在那兒漫舞，奇怪山林間怎會跑來一位年輕女子，翩翩漫舞，也不說話，但是我要經過她面前，順小路下山，我不想打擾到她，於是我故意咳嗽兩聲，而且我還順勢蹲下來繫鞋帶，就是要讓她看到有人要路過，不是故意要打擾她，當我繫好鞋帶抬頭站起來時，她已不見了。

讓我無法理解，她走得這麼快，而我再走向前 20 公尺就到剛才她漫舞的位置，奇怪的是地上無腳步的痕跡，而且乾的樹葉也都在原地，沒有被人踩踏過的跡象，而她怎麼消失的那樣快，我只是低頭繫鞋帶的一會兒功夫，她就不見了，就算她往前跑走，我也看得到她，並且時間大約接近中午。

再回想一下，當她漫舞時，好像她沒有足部，只看到她穿長裙洋裝，「嚇！」我心中頭皮發麻，馬上後退，不再往前走了，頭也不回的半跑半走的快速離開那片樹林，直看到後營門口衛哨，我才放心大喘一口氣，難道我眞遇到山魈鬼魅

了？

回來後，心中百思不解，那天我被嚇到，心情很不好，就待在連上，也沒心情下山去新北投了。

隔數日，我去問後營區的住家百姓，那家雜貨舖的老板娘說，她的阿嬤也有看過，但是不願談更多，老板娘只是低頭不語。

整個事情，回想起來很多疑點困惑著我，雖然至今 43 年了，我還是想不出原因為何？我列出九大疑點。

疑點一：她應該不是女鬼，她出現在樹林中的時間，大約是上午 11 時左右接近中午時，陽光還有，難道是山魈？

疑點二：她獨自一人在樹林中，翩翩漫舞也不唱歌，也不說話，難道她是啞女。

疑點三：誰家的女子，會獨自一個人，跑來這荒山野林裡跳舞。

疑點四：我前往她跳舞的位置，看見地上的乾樹葉很多，但並沒有被腳踩踏的痕跡。

疑點五：我始終看不到她的正面長相。

疑點六：我只是低頭繫鞋帶的一會兒功夫，再抬頭起身，她就不見了。

疑點七：如果她是女鬼，她也沒有加害於我，也可能是我驚嚇到她，所以她跑了，消失了。

疑點八：如果今天發生這事情，我會用手機拍下照片記錄下來，可惜 43 年前沒有這種照相手機產品。

疑點九：清代蒲松齡寫的聊齋女鬼，都是發生在晚上，而我遇見的這事情，是接近中午時刻。

　　我所述說的事情，都是存在我心中 43 年的事情，不是亂說的，也都有時間、地點、有相關人名佐證。自幼我的眼力就很好，也可能是我不愛讀書的關係，到現在我也不會老眼昏花，我看錢幣及古董的花樣紋路，線條邊縫，我都能看清楚，而我看到的那位漫舞女子，身穿淺白綠色洋裝長裙，距離只有 25 公尺不是很遠，且時至中午也有陽光，眞是令人百思不解。

　　為什麼電視上時常報導，有人在山中走失，找了 4、5 天才找到，走失者也安然無恙，問他一些問題，走失者也說不淸楚，記憶也模糊不淸，最後家人領回，警方結案。這都是在山中遇到山魈的案例。

　　至今，靈異傳說，很多是無法用科學的角度去解釋的。

文物篇

明代・釋迦牟尼佛銅坐像
11th 世紀・印度青銅佛像
漢代・老黃金綿羊
商代・扁壺（晚期器）
商代・觚（早期器）
遼代・銅鎏金提樑金雞壺
9th 世紀・高棉吳哥窟銅佛頭
明代・銅爐（珍玩款）
明代・銅爐
清末・銅筆洗（大型）
戰國（東周）・漆彩繪銅匜
戰國・銅斧
唐代・銀鐺
秦代・銅鼎
漢代・青銅器（銅盆）
商代・銘文銅矛
春秋晚期・銅戈
戰國・銅矛
漢代・銅矛
戰國・青銅劍
春秋戰國・青銅劍
清代・全地五大洲女俗通考 7 冊
1929 年・日本漫畫書全本

明代・釋迦牟尼佛銅坐像

正面

這尊佛祖銅坐像，端視其胸前之卍字，即可判定其為明代之器物，而它最令人難理解之處在於它身上的三種顏色，它的臉部與露胸之部位以及蓮花座，均為黃銅色，而中段之納衣部分為紅色，左腳之納衣部分為銀淺黃色且皺褶鮮明，整個造型結跏趺坐之坐禪定像莊嚴神定，吾不知在明代就有高超的鑄造專家，能澆鑄出三種顏色之銅佛像，以現在的鑄造技術，

也無法做出。也讓現在的冶金專家們去研究一下，到底它是用
何種工法製作的，且探索其原理與方法。

反面

11th 世紀・印度青銅佛像

此尊青銅佛像，應屬北印度之鍵陀羅風格銅佛像。它具有西方女人臉孔，高鼻、大眼、上身不著衣衫，袒裎雙乳，左手抓著一條眼鏡蛇，頸載珠環，腰間繫有環帶，雙腳赤足，腳踝有環圈，身坐有斑點大象，氣定神閒，講述佛法，其座也非蓮花座，頂有頭光，右手打著來迎印。它真實來歷與典故，須要專家來詳述。

印度青銅佛像：高 30 公分

印度青銅佛像

漢代‧老黃金綿羊

你猜它是山羊或綿羊，起初我也不了解，後來請教老前輩們，他們答覆我是綿羊，因為山羊的頂角是直的且很長。

這件漢代老沙金製作的精品，雖然無法達到現代 99.9 純金之亮度，反而呈現出它的樸拙與古意。

看它的雕工精細、造形生動、神態安詳、紋飾清晰、靈創巧思，實在是一件傑出之作品，它也應屬王室家族之物，非一般平民百姓之用品。

老黃金綿羊：高 4.5 公分

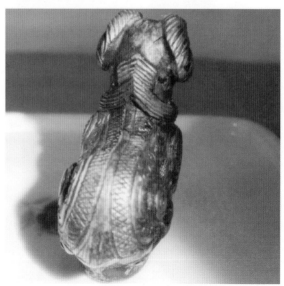

商代・扁壺（晚期器）

　　此器寬侈口，上有蓋，但已遺失，只剩下橢圓扁體（圖一）。整體分爲六段部分，上四段爲全滿紋，第二段爲頸部，兩側有貫耳，可穿繩吊掛與攜帶（圖二）。

　　第三、四段部分爲寬腹部，佈滿紋飾也可防止抓握滑落（圖三）。第五段爲壺底層無紋飾，第六段部爲圈足部，不高但也有紋飾，紋飾較少，整個壺體不含蓋20公分高，腹部有10公分寬。

圖一

圖二

圖三

商代・觚（早期器）

觚為飲酒器。這件商代早期觚，胴體較粗，上部喇叭口傾斜度不大，器體中段有紋飾，且正面、反面都有一獸頭浮紋飾，不知其代表何意義，是地區部落圖案或是家族世代徽章，我們也無法了解，器型底部厚重結實，全器高 22 公分，上喇叭口口徑為 12.5 公分，整體黑綠光亮年代久遠。

商代・觚：高 22 公分

中段胴體較粗，且有止滑紋飾，並有一獸頭族徽，予以放大清晰參考。

獸頭族徽

遼代・銅鎏金提樑金雞壺

北方胡人在中國北方沙漠中從事商旅馬或駱駝作爲交通工具，其必掛水壺，看看這件水壺，歷盡風霜，佈滿銅銹，鎏金已退，裸露銅胎，雞頭銹死，無法打開，整體浮雕，體形豐滿，其形制非中原文化之風格，反倒是有西域文化風，其年代之推估，應屬遼金時期之器物（遼－公元907－1125年，金－公元1115－1234年）。

銅鎏金提樑金雞壺：高22.3公分，寬15公分
厚10.5公分

頭部放大圖

提樑放大圖

9th 世紀・高棉吳哥窟銅佛頭

台灣宜蘭漁民，外海打撈上來，浸泡在海裡多年，滿頭藤壺（俗稱海粒子），漁民當作廢銅賣，故頭臉部均有被海水浸蝕水漬清洗不掉。

高棉吳哥窟銅佛頭：高 27 公分

三分臉像

側面

明代・銅爐（珍玩款）

　　銅爐在明代型式多樣，底款名稱多，最主要重量重，由泰國風磨銅等製成。

　　明代清代銅爐很多，在台灣有收藏家專門收藏銅爐，因為它們數量很多，很普遍，所以不多論述。

明代銅爐（珍玩款）：口徑 12.7 公分，高 9.8 公分，全寬 19 公分

明代‧銅爐

　　底部為「玉堂清玩」款，大型極重，底為三足，皮殼極美。

側上視圖

底部　全像圖

清末・銅筆洗（大型）

底款「雪松軒製」，厚重、大型，筆洗內底有草船游江圖。

清末・銅筆洗（大型）：直徑 21 公分，高 6.8 公分

戰國（東周）・漆彩繪銅匜

　　此件漆彩繪銅匜，造形優美，外觀潔淨，內漆紅黃二色飛天仙女彩帶，區分九格，線條直劃工整，清晰可鑑，外爲黑色，紅線花邊，整件流線，尾附掛環，光黑發亮，自然順暢，低部稍有碰凹。但全件已很完整無瑕，可以推斷當時，春秋戰國時期，中國已有傑出之匠師，可以造出如此精美之器件，此定爲王室宮中之器物，至於精確完整之研究報告，有待專家考證鑑定。

側視圖

後視圖

全器圖像

後部掛環

戰國・銅斧

正像像片比例1：1尺寸大小。

金文銘文，上邊有裂紋，金文要由專家解讀，吾等不知其意。反面無文字圖案。

正面

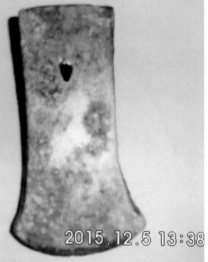

反面

唐代・銀鐺

　　金銀器在中國各朝代中，以唐代之金銀器製作最精美，形制多樣、紋飾活潑。因唐代是個相當開放的國度，包容了西域國家的人民，經由絲綢之路，帶來了波斯文化。這時期之器物，充滿了波斯薩珊王朝之風格，圖中這件唐代銀鐺美麗極了，因為銀遇到空氣中的硫，故產生黑色之硫化物。

　　1995 年購於內惟黃老師家，附圖 3 張。

全圖像

側視圖

側俯視圖

秦代・銅鼎

　　秦代（公元前 221-206 年）銅鼎，古代煮食用具，大都追隨商代的陶鼎的形制，沿革而形狀多樣，有三足無耳，有三足有耳，有蓋無蓋之分，短足長足之別，鼎的器形持續很長一段時間。

　　秦代銅鼎（覆蓋扁圓體附耳短足式），銅鼎蓋可反置平放，可做盛食物之盤，此種形式之鼎（合體式）流行至漢代。

覆蓋扁圓體銅鼎

覆蓋扁圓體銅鼎

漢代‧青銅器（銅盆）

　　像這樣如此大件的銅盆，非一個人或家庭使用，大概是家族、部落、軍營、寺院、宮庭中所使用，且有附環耳在兩側，便於手握搬移或吊燒食物。形體穩重、古樸，造型粗糙，簡單美麗。

　　直徑 28 公分，高 12.2 公分。

全圖像

銅盆之底部，範線分明清晰，範線分爲三條，無銘文，但有圖案掛環前後各一個，完整無短缺。

掛環

商代・銘文銅矛

商代銅兵器，矛尾部有銘文一字，較簡單粗製。

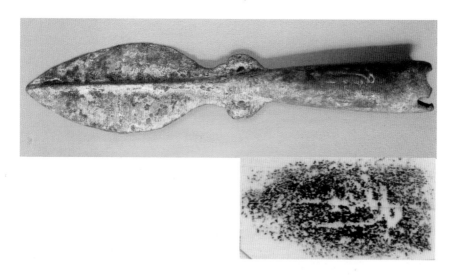

尾部商銘文拓片

商代銅兵器，製作都較粗糙，堅實笨重。

春秋晚期·銅戈

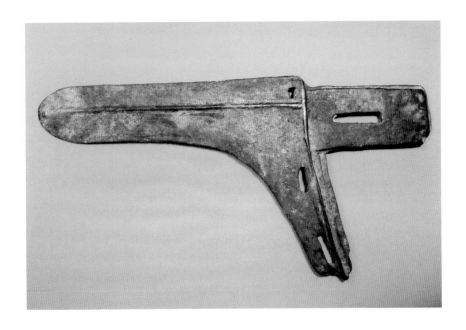

戰國・銅矛

　　戰國銅矛，有它的特色，即在矛尖部與矛身都有圖紋，容易辨認。

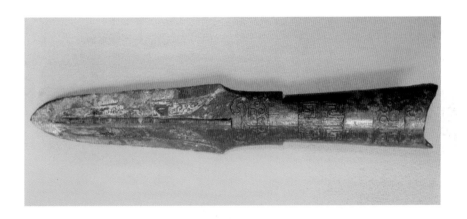

戰國矛圖形拓片

漢代‧銅矛

　　至漢代，銅兵器製作漸細緻，重量輕，小巧光亮，矛尖有鋒刃，矛身有耳且細緻。

虎蛇圖紋拓片

漢代，銅矛輕巧，細緻光亮有鋒刃。

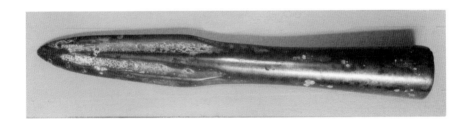

戰國・青銅劍（第一支）

　　青銅劍，春秋戰國時很多，至漢代發展爲鐵劍，雖然鋒利，但易銹蝕，存留至今甚少。

　　全長 43 公分，柄長 10.5 公分，格寬 4.2×2.2 公分。

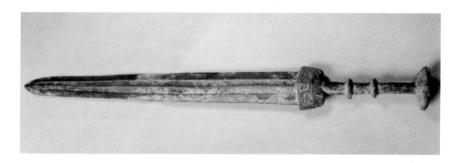

春秋戰國‧青銅劍（第二支）

全長 48.3 公分，中脊長 39.2 公分。

清代・全地五大洲女俗通考7冊

　　光緒 31 年出版（公元 1905 年），全書 3、40 冊，殘餘 7 冊，得予收藏甚幸。全書應屬上海（廣學會之國外傳敎士編寫）。

　　其中，英國、美國、傳敎士多人在列。本書爲研究中國近代史，極重要之文獻。

1929 年・日本漫畫書全本

1929 年（昭和 4 年），日本漫畫書，田中比左良集（打值の淚）（第一回配本）。

日本漫畫田中比左良集（打值の淚）。
1929 年（第一回配本內頁）。

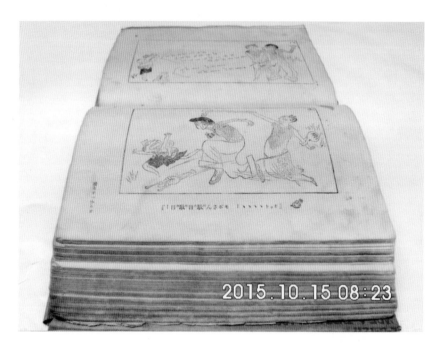

錢　幣　篇

中 國 部 分

北宋・崇寧通寶（1102–1106年）

崇寧只有5年的時期，在大觀之前，同樣在宋徽宗執政之期，崇寧通寶也是宋徽宗的字體，但是沒有大觀通寶字體灑脫，力道也不足，崇寧通寶字體比較拘謹、工整，從揮灑的字體可以看出宋徽宗當時主政時的心境。

正面

反面

北宋‧大觀通寶（1107-1110年）

在華人世界裡追求「大觀通寶」錢幣的人最多，它不限定為錢幣收藏者。

先說它的原因，大觀年號在北宋只有短短四年中（1107-1110年）生產鑄成的銅幣不多，而且「大觀通寶」四字是由宋徽宗親筆御書，在中國錢幣史上評為最美的錢幣。

再者，它是喜愛中國文學、中國歷史、山水、書法、國畫者的最愛，縱然多花一些錢，也要收藏一枚北宋－「大觀通寶」，且要大型的，做為收藏兼欣賞的一種心靈滿足。

從它的字體中，可以體會出那時宋徽宗的心境，他的字散發出 1.一人天下的灑脫，2.專注於字體的力道，3.渾然忘我之揮毫。這就是他的瘦金體，獨樹一格。

正面　　　　　　　　　　　　　反面

清代・咸豐銅幣（西元 1851–1861 年）

江蘇造 CAST Brass 黃銅鑄造，有當千、當五百、當百、當五十、當二十、當十、當五等。而當三十很少很少，鑄造於 1851–1861 年。我們對照一下 1860 年那個年代，西方國家的錢幣已非常進步了，從西方國家的工業發達和中國的工業落後相比較，我們中國有很嚴重的工業落差，相差一個世紀之遙。

正面

反面

下面介紹一些中外的稀少錢幣：

中國清代，咸豐6年（1856年）造五錢銀餅及壹兩銀餅兩種。有三家商號，計有：郁森盛、王永盛、經正記等，為中國第一枚機製幣。那時的上海還是一個縣。

正面

反面

清代・光緒元寶（光緒 20 年，1894 年）

正面

反面

這枚湖北省造一錢四分四釐銀幣（1894 年）造，版模字跡清晰、字體工整、龍形圖案美麗、鱗片整齊、龍爪有力、兩眼直瞪、威猛有力，它的直徑雖然只有 2.4 公分，但整個錢幣看起來非常精美，以現在的造幣技術也難以造出如此精美的錢幣。

清代・光緒元寶（安徽省造）

正面

安徽省造銀幣是很少見很難見到，雖然是一錢四分四，因品相很好，故予以收藏之。

反面

大清・光緒 23 年（北洋機器局造）

北洋機器局造北洋造銀幣壹圓。龍的顏面磨損身上麟片也不見，品相勉強可接受，因數量少。

正面

反面

大清·奉天省銅幣（光緒年造）

正面

乙己年（1905 年）戶部造二十文銅幣 proof，中國銅幣第一次造 proof 銅幣很少。

所謂 proof 是精緻版，版底面平而光亮如鏡、字跡清晰、圖紋淨潔完美、中心「奉」字清楚。

反面

清代・光緒元寶（奉天省造 乙巳年銅幣）

黃銅（Brass）物理性較硬較脆，但色澤金黃美麗，紅銅（Copper），物理特性較韌、展性好，製作 proof 精緻版錢幣較適合。

正面

反面

清代·光緒元寶(天津造幣總廠 光緒年造)

正面

天津造幣總廠,於光緒34年（1908年）造,數量不多,幣型很美（樣幣）。

反面

清代・宣統元寶（雲南省造）

宣統元年（1909 年）造銀幣七錢二分較多，宣統二年（1910 年）庚戌年造的較少。

正面

反面

大清・銀幣（宣統 3 年，1911 年）

這枚清朝中央官方發行之銀幣，幣值已改版為壹圓，和各省龍銀仍用庫平七錢二分不同，像這種未使用的品相，光亮乾淨清晰、無刮痕，很難找到。

正面

反面

民國元年・四川銀幣（1912 年）

正面

大漢政府軍於 1912 年，辛亥革命成功由軍政府所造，共有壹圓、五角、二角、一角等。

反面

民國 2 年・貳百文（四川造幣廠造）

清朝推翻，中華民國政府剛成立第二年（1913年），地方政府四川省立即發行二百文銅幣，以擁護中央政府的財政政策。

反面五色旗的意義即象徵五族（漢滿蒙回藏）共享、自由、平等、共和，也稱為五族共和旗。

正面

反面

民國 3 年・壹圓（袁世凱銀圓）

　　當大陸經濟崛起，民初的銀圓被大陸的收藏者大量收購，我也陸續釋放出 100 多枚。聽說現在袁大頭在大陸品相普通的也要 4000－5000 元台幣，台灣的袁大頭也愈來愈少了。

正面

反面

俗稱袁大頭銀圓，有 3 年版、5 年版、8 年版、10 年版，也有壹圓、貳角、壹角。像這種品相袁大頭，很少很少了，幾乎絕跡了（未使用）。

正面

反面

民國 6 年・壹兩（迪化銀圓局造）

民國 6 年，新疆省迪化銀圓局造壹兩，但還是沿用清朝的錢，「兩」來計幣值不用壹圓，現今的迪化已改名為烏魯木齊了。有 6 年版也有 7 年版，但 7 年版較少。

正面

反面

中華民國・開國紀念幣

孫中山開國紀念幣，民國 16 年版。（未使用）

正面

反面

民國 22 年・孫像銀幣

民國22年的
孫中山銀幣數量
較少。

正面

反面

　　民國 23 年孫像銀幣很多，但未使用的品相就很少。所謂的未使用，幣面正反面沒有刮傷，銀光粉還存在未氧化。

正面

反面

民國 38 年‧銅元（貴州省造）

民國 38 年貴州省造的黃銅元（當時銀元十分）。正面為貴州省造銅元，反面記年號中華民國 38 年，圓圈內「黔」字為貴州省的簡稱，此枚銅元也屬少見錢幣了，而它的紅銅元版的更少。

正面

反面

民國 55 年‧蔣總統八秩華誕紀念幣

　　金幣、銀幣各一枚，金幣有幣值為貳仟圓，銀幣無幣值只有紀念，數量很少（未使用未流通）。

正面

反面

中央造幣廠‧五兩條塊

　　正面圖案有布圖及國父像，反面有號碼、成色及重量印記。

正面

反面

民國 70 年・壹圓（鎳幣）（劣幣）

　　壹圓銅幣滿滿是，有時候給上小學的小孩，他們還不要呢？他（她）們嫌少，說：「壹塊錢不能買東西。」我的好友小蔡也是玩錢幣的，小蔡說：「它是珍貴稀少的（劣幣）。」造幣廠錯用了鎳材料，打造了這枚壹圓鎳幣，它也是一枚少見的趣味錢幣。至目前為止，我只見過這一枚，未見第二枚。

正面

反面

民國90年(2001年)・辛巳年(蛇年紀念章)

民國90年中央造幣廠造生肖紀念章，辛巳年剛好蛇年，國人對蛇的觀念不討喜，故生產4,300枚少量應市，重5盎司，proof。

正面

反面

日本部分

明治 15 年・龍銀一圓

日本龍銀設計圖案很美，也很奇妙，大部分還用漢字，華人一看便知，年代愈後者數量愈多，尤以明治 7 年、8 年的龍銀，數量最少。

正面

反面

明治 38 年・龍銀一圓

正面

日本龍銀數量很多，且造型精美，從明治 3 年到明治 45 年都有發行，且從中國搜刮大量銀圓熔煉或銀錠運回日本，再製成日本龍銀使用。

反面

在這兒順便一提的一件事情。我的鄰居萬錫臣老伯，山東人，身高 185 公分，人很客氣和藹可親，一位令人尊敬的老長輩，不過他老人家已不在了，如果他還在，也有近百歲之年了。

他晚年獨居，生活自理，老伴已走了，兒女、孫子們都在外地工作或住在北部。

萬老伯與我常在一起聊天，那時他已退休多年，身體硬朗，愛吃饅頭，經常騎腳踏車騎到左營去買饅頭、包子、花捲、水餃等麵食。

他也是海軍造船廠退休的。他聊到他的少年時生活困苦，他的舅舅帶他到東北日本人建的滿鐵（滿洲鐵路株式會社）工廠裡去做學徒。

剛進去滿洲鐵路工廠時，從打掃清潔做起，做了兩、三年的清潔工。

那裡的日本人工頭，看他個兒大，體格好，就叫他去學打大鎚（紅鐵鍛造的一種工作）。

工廠環境又熱又髒，空氣也不好，也是一項須要耗廢體力的工作，但是每個月的工資，只有一斗麥子，只發糧食沒有半兩金錢。

他陳述那時的（滿洲鐵路株式會社）的鑄造工場裡，有一袋一袋的中國銅錢，各朝代的都有，有大的、有小的，還有布圖古錢等，全都倒進熔爐中，熔化成銅水，再倒入長方型的砂模裡冷卻，有些是滿鐵工廠要用，有些運回日本，不知做何用途？有人說是做電線用。

再談到一袋一袋的銀元，不知從那裡搜括來的，有中國清

代龍銀、袁大頭銀元及外國銀元，也是一樣倒進熔爐中，熔化成紅色水狀液體，倒入砂模中冷卻，聽說是送回日本。

還有日俄戰爭時，俄國人被打敗了，留下大批的刀械、槍械等舊武器，也做為熔爐中的材料，熔化後，鍛打成各種工具，做為滿鐵株式會社，鐵道車輛用的配件。

我們能從萬老爺的陳述中，知道當時的日本人，搜括了東北地區許多的金、銀、銅、鐵等重要金屬，做為他們侵略中國的戰略資源。

美國部分

1812年·50¢銀幣

這枚 1812 年美國 50¢ 銀幣，錢幣上面打了一個洞，可能是當時擁有者，把它做爲頸項鍊掛戴在胸前。自由帽五角銀幣自 1807 年就發行了，直到 1839 年後改版，其中以 1828–1839 年發行的價格較高。

正面

反面

1889–1893 年·美國第 23 屆總統紀念章

正面

反面

　　此枚銅質紀念章美品稀少，它不是幣也沒有面值。在 1889–1893 年美國第 23 屆總統班傑明·哈理遜簽署制定一個法案，推算時間大約是清朝光緒 15－19 年間。至於該法案和美國南北戰爭有關，因爲字太小，作者也不想去了解。

1893 年・五角（紀念幣）

美國政府爲了紀念哥倫布航海探險，於 1492 年發現美洲大陸至 1893 年已有 400 年的歷史，所發行的五角紀念幣。這枚銀幣距今有 120 年，還保持這樣完好，實屬不易。

正面

反面

1904 年・摩根銀圓

正面

美國這個國家未曾遭受到戰爭的破壞，所以它國內的錢幣保存很多，尤其是摩根銀幣與和平鴿銀幣，摩根從 1878 年發行到 1921 年，和平鴿從 1921 年到 1935 年，此枚銀圓未使用。

反面

1906 年・1 盎司金幣

美國二十元面值金幣從 1849 年只有 1 枚，1850 年到 1907 年，每年都有大量發行數量之多，世界第一。每枚重量在 33.436 公克，也就是說在清朝道光、咸豐、同治、光緒年間，美國就發行大量的金幣，可見美國的財力雄厚。

正面

反面

紐約勝利女神像紀念銀塊 10 盎司

　　歐美等國家，重點風景區或博物館、歷史館均有販售貴金屬紀念品，且購買者可在保證書上簽名以資紀念，我們可借鏡，可防止在牆上、樹上留下簽名（某某大爺到此一遊）。

正面

背面有印記、正確成色、重量、MTB 公司及號碼等，保
證書上留有購買者簽名欄。

反面

英　國　部　分

1780年代・英國銅幣

　　英國 1780 年代銅幣，限制地區使用。1 便士銅幣 1/8 吋厚，1/2 便士銅幣 1/16 吋厚，錢幣的圓邊有限制地區使用註明，倫敦、利物浦及安格拉治。

1 便士銅幣

1/2 便士銅幣

錢幣圓邊

1813年·男人島銅幣（Penny）

　　英國屬地，男人島銅幣（Penny），代幣（Token）也屬貨幣的一種，因為有政治和經濟的考量且限定於某些地區使用。

1便士（1813年）

1/2便士（1851年）

1786年‧金幣

英國 1786 年金
幣，喬治三世（1760
-1820 年）。

正面

反面

1896 年・銀幣

英國 1896 年
銀幣，維多利亞女
王。

正面

反面

1818 年‧喬治三世銀幣

正面

品相極佳、稀少，字邊仿造困難，歐洲國家在 17th 世紀所造錢幣字邊較多，花紋邊也有，光邊甚少。我們的錢幣大都是齒邊，近 10 幾年才有字邊，落後歐洲 200 年左右。

反面

1845 年・維多利亞女王少女時期頭像

維多利亞女王少女時期頭像銀幣只發行 2 年，在 1844、1845 年數量很少，留存到今更是少。

設計很美，而且是字邊，很難仿造。

1839、1847年也有極少數的 proof 出現。

正面

反面

1846、1861 年・維多利亞女王時期銅幣

1 便士（1846 年）

1/2 便士（1861 年 proof）

1887 年・金幣

正面

英國 1887 年金幣，正面圖像爲維多利亞女皇，反面圖像爲聖喬治屠龍。

反面

1870 年‧錫蘭銅幣

　　英國屬地錫蘭（斯里蘭卡）1870 年的紅銅幣。只要是英國海外屬地的錢幣，均有英國女王頭像，英國統治時期為 1796–1972 年。

正面

反面

1903 年・愛德華七世銀幣

英國 1903 年愛
德華七世銀幣，壹圓
中文字樣。英國海峽
殖民地區有馬來西
亞、新加坡。

正面

反面

1912 年‧英國貿易銀元

品相一流，有中文壹圓字樣。

正面

反面

1976年・大型紀念銀幣

英國在 1976 年發行大型紀念銀幣，紀念伊麗莎白和維多利亞女王，在位的四個時期，輝煌歷史幣值為 20 Crowns。

正面

反面

歐 洲 部 分

古代希臘銀幣

Ancient Greek Coin
它非常小，但清晰圖案，非常美，可惜無資料可查，但是軍醫標誌，不就是右邊的圖像嗎？

它實際上只有 1 公分大小，它是最美最袖珍的古代希臘銀幣。

正面

反面

下邊這兩枚也是西元前 440 年古希臘銀幣，古代銀的開採
不發達且稀少，都是小銀幣，大銀幣稀少，金幣極少見。

西元前古代希臘銅幣

人面像臉部，年代至少在西元前500－600年，無資料，不可考。

是野牛或是疣豬不肯定，也許2,600年前有這種動物。可參照中國的《山海經》古籍書，是否2,600年前中國大陸或亞洲地區也有這種動物存在。

這也是一項（地球生物進化遷移過程中）的珍貴佐證資料。

1869年・比利時銀幣

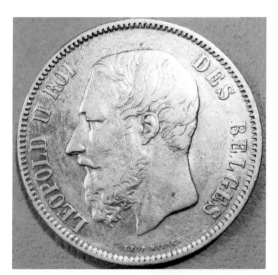

比利時銀幣 5 法
郎，利奧波德二世比
利時國王，在位期間
1865－1909 年。

正面

反面

中古世紀歐洲錢幣

歐洲冰島1930
年大型銀幣，厚片
大型、重量大，少
見。

正面

反面

1632 年薩克斯堡，德國銀幣。

正面

反面

斐迪南一世，神聖羅馬帝國（1619–1637 年）。

正面

反面

1780 年俄羅斯銅幣厚片，花紋邊，有雙頭鷹圖案。

正面

反面

1622 年歐洲錢幣，造型粗糙，但有古典美，少見。

正面

反面

法國錢幣

這兒有兩枚法國
錢幣，一枚是路易十
四的銀幣，另一枚為
路易十六的銅幣（黃
銅）。

路易十四銀幣正面

路易十四銀幣反面

路易十六銅幣正面

路易十六銅幣反面

從歷史得知法國出了個路易九世、路易十二世，都是好君王。至路易十三世，因介入德國戰爭，財政損耗甚鉅，接手的路易十四世俗稱「太陽王」，是位專制、好戰君王，與鄰國常有爭戰，因而國庫空空，1635–1715 在位年間，百姓加稅，當時百姓敢怒而不敢言。

傳到了路易十六世（1754–1793 年）法國大革命時期，經濟惡化，全國動亂，1793 年行刑於斷頭臺。

從這兩枚錢幣可看見兩位君王的面像，當時西方的工業發達，能造出精美的錢幣，我們來對照當時的清朝康熙、雍正、乾隆時期，中國無此工業能力，造成出這些精美之錢幣。反觀清朝執政（1644–1911 年）270 年朝間，中國的工業是一片空白，皇朝高層，奪權內鬥，地方官員、貪污橫行、洪災旱澇、肆虐各省、糧食欠收、飢荒滿地、官員昏庸、百姓困苦，這些都是閉門鎖國不知長進之惡果。

這枚大型銀幣（4.2 公分），大約在 1690–1700 年左右發行，當時路易十四的大型錢幣不多，也屬珍貴錢幣的一員，而且經歷了 400 多年，留存至今的也不多了。至於為什麼這麼大，我不是錢幣專家，只是個收藏者，要由專家做更深一層的解說。

再看看這枚厚重黃銅幣（1792 年）的路易十六世君王，錢幣的紋路字跡清晰，圖像精美，具有立體感，幣值為 2S。可惜在第二年（1793 年），路易十六就被送刑。

1872 年 · 荷蘭銀幣

荷蘭國王威廉三世（1849–1890 年），幣值 2 1/2 Gulden。

正面

反面

17th–18th 世紀·歐洲銅幣

1755 年、1825 年，荷蘭銅幣。1750 年西班牙銅幣。

正面
（上為 1755 年、1825 年
荷蘭銅幣，下為 1750 年
西班牙銅幣）

反面
（上為 1755 年、1825 年
荷蘭銅幣，下為 1750 年
西班牙銅幣）

1931 年・拉托維亞銀幣

正面

反面

1931 年拉托維亞銀幣，5 LATI。拉托維亞（Latvia）東歐的小國家，1918 年成立共和國之後被蘇俄軍隊併吞加入蘇聯。1941－1944 年又被德軍佔領，直到 1991 年蘇聯解體，這是它唯一的銀幣。

1915 年 · 奧地利金幣

奧地利1915年金幣，100 可羅那。金幣比銀幣好保存，不易受空氣中硫化物影響變黑色，銀幣容易變黑，這枚金幣剛好百年，形同新品般。

正面

反面

1797 年・義大利銀幣

此枚義大利銀幣爲大型花紋邊銀幣，可防止僞幣製作。

正面 反面

下面是錢幣圓邊放大圖，上層爲字邊，英國錢幣較多用，中層爲花紋邊，深受義大利、西班牙、法國、荷蘭喜愛，下層爲齒邊，亞洲諸國較採用。

三種錢幣邊放大圖

1848年・義大利銀幣

這枚銀幣很特殊
之處是在這隻獅子的
塑像,牠是威尼斯城
大門的守護神。正面
設計的很美,反面設
計普通,只有幣值5
里拉。

正面

反面

1873年‧銀幣、1882年‧金幣

　　這裡談一些題外話，從 17th–18th 世紀，歐洲錢幣，幾乎皇帝、國王統治者，幾乎都有鬍子、長髮，不是他們沒有錢買刮鬍刀，而是那時刮鬍刀還未發明。

　　右圖為 1873 年義大利銀幣，幣值 5 里拉，下頁另一枚為 1882 年義大利金幣。

正面

反面

正面

反面

西班牙部分

1812年・西班牙卡洛斯金幣

在以前，錢幣迷們喜好收藏一些西班牙金幣或銀幣，因它具有中古時代的歷史記憶，而製作精美，很有歐洲皇權的榮耀感，加上數量不多，好景好價維持了好一段時光。

正面

反面

然而，忽然間市面上的西班牙金、銀幣變多了，價格也滑落了不少，是誰釋放出這麼多的西班牙金幣銀幣，是西班牙政府嗎？以圖解救西班牙目前的經濟困境嗎？哦！不是的。

是美國的古錢幣公司嗎？哦！也不是。是鎖螺絲嗎？哦！更不是。鎖螺絲在台灣有好多位，他們是效忠中華民國海軍的機匠，他們維修海軍船艦引擎，他們熱愛他們的工作，也愛他們的海軍，他們每天都在工作鎖螺絲，他們那有多餘的錢去買西班牙的金幣銀幣。

哦！我是說美國那支股市抄家大鱷魚——「索羅斯」。

哦！那個美國人索羅斯，他只是投資黃金的大戶，不是啦！

那會是誰呢？誰擁有這麼多的西班牙金、銀幣呢？我偷偷的告訴你答案好了。答案是「海底」，海底下才擁有那麼多的金幣、銀幣。

歐美好幾家的海洋打撈公司，利用現代的科學儀器，在海上，尋找到 16th–18th 世紀的海底沈船，其中很多西班牙戰船當時是在海上遭受到熱帶風暴的擊襲而沈沒海底，船上載有貴重的金塊、金幣、銀幣、皇家珠寶及中國瓷器等很多箱，他們將沈船中貴重物口，一件一件打撈上來，經過清洗、整理後，委託拍賣公司，投入古董市場出售，所以導致西班牙的金塊、金幣、銀幣的價格下挫。

所以我勸你，以後看見西班牙的金幣、銀幣不要去買。

下面有一首詩，詩名：海上強權。你一定要背要讀，將來的公務人員高普考可能都會考。

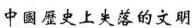

海上強權

海上強權昔日霸

各國金銀到處括

珠寶首飾也在內

女人奴隸順道抓

縱橫海上壹世紀

所到之處人皆怕

西國海權逐強大

英國相繼也興起

荷蘭見勢趕落差

蠻荒土地各自佔

土人蕃民被管壓

礦產資源盡乾榨

弱國人民無力擔

殖民地區貧塗炭

強國只顧利益挖

富貴榮耀都歸她

皇室貴族皆奢華

戰士百姓有錢花

歷史記載有一劃

作者：張克雄，丙申年暖春於高雄

讀完這首詩，你就知道強國之重要。請支持國防，支持海軍。

西班牙銀幣之多，它的殖民地，就 10 多家造幣廠，還不算它國內本地的造幣廠，它海外殖民地區的造幣廠，墨西哥就有 7 家，菲律賓的馬尼拉 1 家，玻利維亞 1 家，秘魯 1 家，智利 1 家，哥倫比亞 2 家，瓜地馬拉 2 家，共計 14 家。

它的國內造幣廠也有 24 家之多，海外殖民地的銀礦和金礦大部分被西班牙挖走。這些南美洲國家中，產銀最多的屬墨西哥，從 20 多年前的資料統計如此，現在有無變動不得而知。

一美人（記小學同學會）

少時玩伴皆離散
成長各自去闖蕩
失敗成功要品嚐
分處各地連繫難

* * *

歷經風霜數十載
韶光無情催花殘
年過甲子諸顏改
男不帥來女失媚

* * *

容顏漸老遮不住
偶有相逢不相識
烏髮伴白皺紋添

牙落缺損音不全

*　　*　　*

肥胖雍腫也浮現
退休同學巧相遇
感嘆時光莫蹉跎
雖然年已近黃昏

*　　*　　*

找尋幼時純真夢
開啓小學同學會
邀約全班來相聚
天南地北聊未盡

*　　*　　*

談到兒時笑不完
講到恩師甚懷念
席間滿是歡笑聲
相約下次再聚見

*　　*　　*

你我相望皆已老
他也居家在帶孫
同學群中誰最青
唯有金鈴一美人

作者：張克雄，丙申年處暑於高雄

1811 年、1820 年・斐迪南七世銀幣

　　斐迪南七世（1808－1833 年）銀幣（秘魯版）。這枚 8R 銀幣，應屬西班牙佔領秘魯時期發行的 8R、2R 銀幣，當然幣面仍然是西班牙國王斐迪南七世。

| 正面 | 反面 |

1781年・卡洛斯三世銀幣

卡洛斯三世在位期間爲1759-1788年。南美洲被西班牙佔領的國家地區都使用卡洛斯王室作爲幣面圖案，可從8R後面的造幣廠代號分辨。

正面

反面

1806年·卡洛斯四世銀幣

正面

卡洛斯四世在位期間爲 1788-1808 年。西班牙金、銀幣很多，幾乎南美洲各國都採用卡洛斯國王家族作爲幣面圖案。

反面

古代帝王之相貌

　　16th-19th 的中古世紀，沒有照相機，很多資料也沒有相片可查看，因此，古代國王或皇后們的面容相貌，只能靠油畫裡，或當時發行的錢幣上的浮雕刻印面貌，去找尋他們的相貌。在以後的拍電影或歌劇中，盡可能的以油畫或錢幣上的浮雕相貌作參考。

　　這裡有二枚錢幣，一枚是西班牙國王卡洛斯三世在位期間（1759–1788 年）。

卡洛斯三世錢幣

　　另一枚是英國國王喬治三世金幣，在位期間爲 1760－1820 年。

　　在 1780 年代，他們就是長這個樣子，你覺得帥嗎？

喬治三世金幣

墨西哥部分

1861 年・墨西哥金幣

正面

反面

墨西哥金幣數量也是很多，國家造幣廠林立，每家造幣廠都有造金幣，但是它的金幣採用沙金製造，純度較差，顏色也較暗。墨西哥在被西班牙人佔領殖民期間，很多金礦、銀礦也被西班牙人強奪開採、搜刮金、銀，製成西班牙金幣、金條、銀幣等運回西班牙。

1866年・墨西米連王朝銀幣

墨西哥銀幣數量很多，這是1866年 PI 版。

正面

反面

1881年·墨西哥銀幣（銅質樣幣）

1881年MH
（parttren），墨
西哥銀圓數量很
多，但是銅質樣
幣則很稀少。

正面

反面

1898 年・墨西哥銀幣

正面

反面

1898 年墨西哥銀幣 1 披索。墨西哥銀圓，因圖案上有隻鷹，嘴叼一條蛇，站在仙人掌上，故稱其為鷹洋。全球數量極多，版本多（未使用）。

有人估算中國袁世凱銀圓有三億枚，墨西哥銀圓全球有十一億枚之多，因為墨西哥本國銀產量多。

回 教 國 家

5th–6th 世紀・波斯國薩珊王朝銅幣

回教古波斯國，就是現在的伊朗。1994 年在香港的錢幣展示會，向英國錢商購買了六枚波斯古國的銅銀幣，這是其中之一枚，紅銅幣手工製作，古樸可愛。市場上古波斯和以色列錢幣，均屬少見錢幣。

大流士帝王像

1917年・埃及錢幣

正面

反面

最近大家可以看到（ISIS）的新聞，中東國家幾乎全都信奉伊斯蘭教，可是派系之間充滿了衝突與不和，導致國與國之間的戰亂、仇恨，殺戮不斷，而且向西方世界輸出恐怖攻擊。下面介紹一些回教國家的錢幣。

左圖爲伊斯蘭國家中古老的國家埃及錢幣，回曆AH 1335年（1917年），20 Piastres。

1923 年·埃及銀幣（民國 12 年）

1923 年埃及銀幣
20 Piastres。

正面

反面

1923 年埃及銀幣 10 Piastres。

正面

反面

1928年・沙烏地阿拉伯錢幣

正面

反面

沙烏地阿拉伯錢幣AH1346年（1928年），這枚沙烏地阿拉伯錢幣製造精美，正反面佈滿回教文字，雖然看不懂，但也覺得很美，我服役時和一位少尉預官很好，他淡江大學畢業，他說世界上最難學的語言是法語，最難懂的文字是伊斯蘭文字，我不知道對不對。

AH 1304 年 · 蘇丹銀幣

蘇丹國家銀幣，回曆 AH 1304 年（光緒 12 年，西元 1886 年），當時的中國清朝光緒初年，還未有機械造幣之能力，只能鑄造銅鑄版方孔錢。反而中東的回教國家都能造出機製銀幣，可見它的工業已在中國之上。

正面

反面

145

其他地區

以色列銀幣

猶太國國幣，在美國頗受歡迎。Silver Tetvadrachm "Simeon"，品像（美品）厚片極少見，約 2000 年前猶太人錢幣。

"Second Year of the Deliverance of Israel"

Year 2 = AD 133/134

正面為一種植物蒲葵　　　　反面為放置「約櫃」聖殿

註：The Second Revolt (The Bar-Kochha, War), 132-135AD，
　　約櫃（Ark）猶太人刻有十戒的石版櫃。

1893 年 · 南非金、銀、銅幣

正面

這裡面的銀幣、銅幣是不列顛王朝時的錢幣。

反面

1936 年 · 委內瑞拉銀幣

委內瑞拉共和國
（小威尼斯），座落於
南美洲的北海岸，在哥
倫比亞和蓋亞那之間，
以前也是西班牙殖民
地，後於 1830 年主權
獨立，石油、礦產、
咖啡出口產品，棒球實
力也很強。

委內瑞拉 1936 年銀幣 1 圓正面

委內瑞拉 1936 年銀幣 1 圓反面

1907 年・菲律賓銀幣

1907 年菲律賓
銀幣披索。

正面

反面

1907年・越南銀幣

1907年法國佔
領殖民越南時期的
越南銀幣。

正面

反面

附 錄 一

文物篇

18th 世紀・航海用單眼望遠鏡
中國清代（康熙時期）・刻圖紋飾銅杯
中國清代（乾隆時期）・筆硯銅托盤
中國明代・紅銅獅紙鎮

錢幣篇

古代羅馬・銅幣（大型銅幣）
公元 770 年銅幣
美國（1776 年）・麻薩諸塞州 Penny 銅幣
美國（1877 年）・貿易銀
英國（1668、1673 年）・銀幣
英國（1887 年）・維多利亞銀幣（大中小三枚）
英國屬地北婆羅州（1889 年）・銅幣
歐洲 16th～18th 世紀・老銀幣
奧地利（1780 年）・銀幣
中國清代・最大銅幣（乾隆通寶）
中國清代・乾降時期官局鑄造（清宮內錢）
中國清代・銅幣（咸豐重寶）
中國清代・最小銅幣
中國清代・四川省造龍銀
中國清代・新疆省（喀什造）湘平五錢銀幣
中華民國開國紀念幣（黎元洪副總統）銀幣
中華民國・湖南省銅元（鐵血十八星）

文 物 篇

18th 世紀・航海用單眼望遠鏡

刻有 KELVIN & HUGHES（MARINE）LTD，1790 年造，縮長 63 公分、引長 80.5 公分，保存完好。

航海用單眼望遠鏡

中國清代（康熙時期）‧刻圖紋飾銅杯

　　明清時期流行的吉祥圖案，以圖意呈現。它繁縟、精巧、繪圖式的裝飾，又淳樸自然。

　　上蓋有五隻蝙蝠象徵著五福，手工錘刻，古樸可愛。

刻圖紋飾銅杯上蓋

整個杯體外觀巧緻美觀，有三個區間圖案呈現。杯底甚厚，手工錘鍛敲製，底部有置放火碳上燒烤之痕跡，坑坑洞洞但尚屬完好。

花鹿之放大圖

獅球圖案通常出現在清代康熙、雍正、乾隆這三個時期。

獅球圖案

鳳凰迎花開圖案

中國清代（乾隆時期）·筆硯銅托盤

　　這筆硯托盤，長 24 公分，寬 17 公分，邊框高 1.3 公分。底款刻有（乾隆年製），一位年長教師敘說，他幼時在內陸常見，書香家庭中之文房用品。文房用品不限於四寶，其實托盤、筆洗、紙鎮均列其中。

筆硯銅托盤

此托盤特色為：
紅銅片剪花焊貼在黃
銅盤上，這幅清代吉
祥圖案（瓶開牡丹，
富貴根苗），它的面
表平滑，色澤分明有
層次感，製作很美，
底款（乾隆年製）。

中國明代・紅銅獅紙鎮

　　古代文房用品，紙鎮、筆洗、托盤，對於現代人來說是很陌生的名詞。

　　紙鎮——在作畫或書寫時，恐紙張移動，而來壓制著紙本的小巧質重之物件。

　　筆洗——涮除清洗毛筆墨汁的中型盛水器。

這對明代紅銅獅紙鎮，獅頭昂起，眼視前方，前胸直挺，
而前足有節，撐地而立，細腰翹臀，後雙腿蹲坐，公獅尾捲曲
上揚，母獅尾朝前向上，整體形態威猛有神。

　　也嘆！明代之藝匠，雖未見過真實之獅子，憑己之臆念，
也能捕捉出猛獅之神韻。

錢幣篇

古代羅馬・銅幣（大型銅幣）

這枚大型公元前古羅馬銅幣，字跡、人像、圖案不清，無法考證，只能作些參考。

正面

反面

公元 770 年銅幣

正面

反面

左邊這枚銅幣，雖然打了公元 770 年的印記，但是始終找不到它的相關資料，或許這些王朝執政時期短暫，不久就被其他的國家或其他王朝滅亡。

所以也就在歷史上未曾留下一些事蹟記載。

美國（1776 年）・麻薩諸塞州 Penny 銅幣

　　這枚（MASSACHUSETTS PENNY）它在 1774 年美國獨立戰爭爆發的後兩年發行，當時的北美 13 州先後各自發行錢幣，獨立戰爭持續到 1781 年的約克之役大勝，英國才在 1783 年的巴黎條約中，承認美國獨立。

　　特別將它放大，讓讀者審視，估計全美不超過 10 枚。

　　它也是美國錢幣迷們，想要追逐擁有的稀少品之一。

正面

1776 年為英國殖民時期，只有麻薩諸塞州和新罕普夏州
（NEW HAMPSHIRE）各自單獨發行錢幣。

反面　Pine Tree 松樹圖案

美國（1877 年）・貿易銀

美國貿易銀
圓，在 1873 ~
1885 年間發行，
數量也多，之後
用摩根銀圓替代
。

正面

反面

英國（1668、1673年）‧銀幣

1668 年銀幣正面

1668 年銀幣反面

這兩枚是英國查理斯二世時期的銀幣，品相尚佳，但因數量稀少，也是收藏者追求之收藏品之一。

1994 年購自香港（HOLIDAY INN 國際錢幣展）之英國錢幣商。

　　香港每年夏季，在九龍彌敦道的金域（假日酒店）舉行世界錢幣展銷會，每年都是盛況空前，熱鬧非凡，參展攤商，來自世界各國的錢幣商，大約有百多家，也給香港帶來了龐大商機和錢潮，同時也帶來交通混亂，至今繼續如此。

1673 年銀幣正面

1673 年銀幣反面

英國(1887年)‧維多利亞銀幣(大中小三枚)

正面　CROWN 大型 1 克勞

反面　CROWN 大型 1 克勞

正面　中型 1/2 克勞（1/2 CROWN）

反面　中型 1/2 克勞（1/2 CROWN）

正面　小型1先令（SHILLING）

反面　小型1先令（SHILLING）

英國屬地北婆羅洲（1889 年）‧銅幣

1889 年北婆羅洲銅幣，19th 世紀東西方貿易就很盛行，從這枚英國銅幣上的中國文字（洋元一分）就可看出當時的中西航海貿易之熱絡。

英屬（北婆羅洲）於 1963 年時併入馬來西亞之一邦。

正面

反面

歐洲 16 th～18 th 世紀・老銀幣

　　歐洲各國在錢幣製造方面，有一些特殊的防偽技術，即是將錢幣的邊製作成各種圖形、文字、符號、數字等，也是一種防偽功能。

　　呈現出一種很有趣的藝術手法，而加以製作。

歐洲各國老銀幣的幣邊

奧地利（1780 年）・銀幣（歐洲貿易銀）

正面

反面

　　歐洲的奧地利這個國家，西元962 年時是神聖羅馬帝國，至 1867年時改國號爲奧匈帝國，再於 1955年時獨立，改國名爲奧地利。

　　這枚奧地利銀幣，記年雖爲1780 年，卻不是1780 年打造，在1920 ~ 1975 年期間，歐洲許多造幣廠都有打造，量也很多，近 8 億枚之數量。

中國清代・最大銅幣（乾隆通寶）

　　清代乾隆執政 1736～1796 年，六十年期間，為清朝鼎盛時期，中有 10 次遠征，領土版圖超過漢唐，且增訂〈四庫全書〉。對於國學頗有貢獻。這枚銅幣大型有 7.2 公分，字體端正、工整有勁、氣韻呈現，應屬內府文才之士所書。

　　反面為一龍鳳呈祥圖，非常精美且稀少難見。

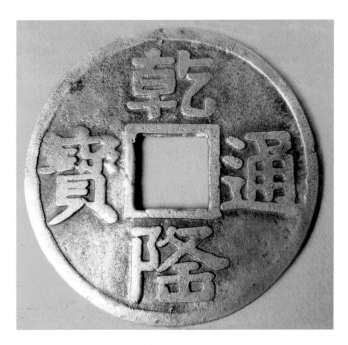

正面

174

中國清代・乾隆時期官局鑄造（清宮內錢）

　　銅幣反面鑄有龍鳳（皇朝尊貴之徵），清代民間之吉祥圖
案，不外乎日、月、花鳥、魚兔松鶴、鴛鴦、孔雀、芙蓉牡
丹、福祿壽喜、五福百子等，皆能呈現吉祥福善之意。在乾隆
多次南巡期間，徵用民馬民伕途中購補食糧（清宮內錢）自然
流用在外，成為民間之稀有珍品，再說（清宮內錢）形體甚
大，厚實質重，鑄造精美，自然為民間百姓所鍾愛。

反面　龍鳳搶珠圖案

中國清代・銅幣（咸豐重寶）

有些收藏中國古錢者，從錢幣上的文字來斷定它的真假，真幣的字體、筆法工整，端正有勁，字顯神韻，順而欣賞古人的書法字體，且愛不釋手。

正面

反面

中國清代・最小銅幣

清代浙江省發行之最小銅幣二文。此枚銅幣只有 1.7 公分大，但是製作非常精美，小巧可愛，反面為龍紋。留存至今已非常少了，這是它的放大圖。1 比 5 的放大倍數。

正面

因於銅幣整體外形太小，反面只有蟠龍圖案，沒有文字的空間。

反面　龍紋圖案

中國清代・四川省造龍銀

　　清代各省龍銀，三錢六分特別稀少，唯獨四川省造的三錢六分特別多。

正面

反面

　　中國內陸的四川省，清代龍銀的版面文字、圖案，製造的
非常淺，在流通使用一段時日後，通常磨損很嚴重，能夠收藏
到完整文字、圖案的美品，幾乎很難。

中國清代‧新疆省（喀什造）湘平五錢銀幣

　　中國內陸各省的造幣廠，造出的銀幣銅幣在圖案、文字上版面都很淺。如新疆、西藏、四川、雲南等。

正面

也許是因為沒有英國駐廠技師的關係，所造出的錢幣圖案設計和文字、符號等外觀上都比較差。

反面

中華民國開國紀念幣（黎元洪副總統）銀幣

　　1912 年 1 月 1 日在南京，孫中山票選爲臨時大總統，黎
元洪票選爲臨時副總統。

正面

反面

中華民國・湖南省銅元（鐵血十八星）

正面

這枚民初湖南省銅元，又名鐵血十八星，在當時此枚銅元很受歡迎，當然我請教同好長者，此名有何典故？不過長者也不太了解。

反面

附 錄 二

中國古代，中國清代

中國古代（春秋戰國，金朝）‧銅幣
中國古代‧宋代大觀通寶（美品）
中國古代（宋、唐、清）‧銅幣
讓我們一起來欣賞清代光緒（大龍銅元）之美
中國清代‧戶部造二十文銅元（大型）
中國清代‧湖北省造十文銅元
中國清代‧北洋造錢幣
中國清代‧戶部發行之十文銅元
中國清代‧江南省造十文銅元
中國清代‧安徽省、清江十文銅元
中國清代‧廣東省造錢幣
中國清代‧四川省造十文銅元
中國清代‧江西省、江蘇省造十文銅元
中國清代‧江蘇省、北洋發行十文銅元
中國清代‧江西省、浙江省造十文銅元
中國清代‧湖南省造十文銅元
中國清代‧河南省造十文銅元
中國清代‧小面值五文銅元
中國清代‧山東省造十文銅元
中國清代‧新疆省造光緒銀圓

民國初期～民國時期

民國初期‧四川省造銅幣（五十文、壹百文）
民國初期‧貳拾文、十文銅幣
民國初期‧雙旗銅幣
民國初期‧雙旗十文銅幣
清代光緒 32 年造‧四川盧比銀幣
民國初期‧廣東省造錢幣
民國初期‧小面值錢幣
中華民國 14 年（1925 年）‧蒙古銀圓
民國（抗日戰爭前）發行的錢幣
民國初期 20 年代發行之銅幣（珍稀品）
民國時期‧廣西省錢幣
民國時期‧雲南省銀幣
清末民初銀圓（美品）
蔣總統　九秩誕辰紀念金幣
（1997 年）香港回歸中國大陸紀念銀幣
中華民國建國六十年紀念幣
孫中山、蔣中正紀念幣（金幣）
台灣電力公司創業百週年紀念章

歐洲錢幣

歐洲老銅幣（珍稀品）
歐洲銅幣‧（1885 年）葡萄牙、（1897 年）法國
歐洲錢幣‧（1898 年）西班牙、（1892 年）荷蘭
英國大型 1 便士銅幣
英國東印度公司錢幣
（1920 年）英國東印度公司 50¢、20¢銀幣
印度老銅幣、複打老銅幣
沙勞越錢幣（英國殖民地）
（1970 年）伊朗大型巴勒維銀幣
（1947 年）巴拿馬大型銀幣
日本（明治 25 年）龍銀，左打銀字，大阪造
英國早期 1/2 便士銅幣（威爾斯王子）
外國金幣

現代的徐霞客

中國古代，中國清代

中國古代（春秋戰國，金朝）‧銅幣

〈橋足布錢〉春秋戰國時期魏
周趙楚等國流通貨幣（珍品）。

〈泰和通寶〉金朝女眞族掌政
時期（1115年~1234年）貨幣（珍
稀品）。

橋足布錢

正面

反面

中國古代・宋代大觀通寶（美品）

　　當你看到這四個大字，你就會體認到中國文字及書法之美，宋徽宗的字太美了，如果你能寫的比他好，我願趴在地上給你踢。

正面　　　　　　　　　　　　反面

正面　　　　　　　　　　　　反面

中國古代・（宋、唐、清）銅幣

宋神宗時期貨幣（1068 年~1085 年），元豐通寶。

清代順治（1644 年）貨幣數量極多。

唐代（621 年）開元通寶數量極多。

讓我們一起來欣賞清代光緒(大龍銅元)之美

　　清末兩廣總督張之洞，鑑於中國貨幣之雜亂與落後，上呈朝廷建議外購英國（The British mint in Birmingham）的製幣機器，並引進製造技術，製做美觀正規之貨幣，進而制度化的推展至全中國。

　　初始，購入3台造幣機器，之後又陸續購進20台，分置於各地19省，開始了全國各省之造幣事務，也將中國的造幣工業帶入了一個新階段、新里程。

　　清末兩廣總督張之洞像，翻印於1905年出版，龔心銘著，全地五大洲女俗通考。

張之洞

中國清代・戶部造二十文銅元（大型）

清代宣統三年造，十文紅銅幣。

正面

反面

正面

反面

中國清代‧湖北省造十文銅元

戶部版丙午年黃銅元十文，中心（鄂）字。

正面 反面

戶部版己酉年紅銅十文，中心（鄂）字。

正面 反面

清代各省造幣廠，以戶部、湖北、江蘇這三大造幣廠，所造錢幣非常精美，上圖為大字版，下圖為小字版。

正面　大字版　　　　　　　反面　大字版

正面　小字版　　　　　　　反面　小字版

中國清代・北洋造錢幣

北洋造七錢二分銀圓。

正面

反面

北洋造黃銅十文，老錢幣舊破的痕跡，是泉友很放心的買，反而現在的中國大陸 3D 技術很強，製作出來的新品，讓泉友們縮手。

正面

反面

中國清代・戶部發行之十文銅元

　　清代（戶部）屬舊官制六部之一，掌戶口和田賦之事務，如今日之財政部。

　　右枚錢幣為戶部發行戊申年造十文銅元，中心有(甯)字。

正面　　　　　　　　　　　　　　反面

　　下枚錢幣為戶部發行丙午年造十文銅元，中心有(汴)字。

正面　　　　　　　　　　　　　　反面

中國清代・江南省造十文銅元

清代（1904 年）甲辰年，江南省造十文銅元。

正面　　　　　　　　反面

清代（1905 年）乙己年，江南省造十文銅元（珍稀極美品）。

正面　　　　　　　　反面

中國清代・安徽省、清江十文銅元

　　下面這兩枚清代銅元，屬稀少品，清江這枚不是龍紋有些磨損，它是枚上好之美品。

正面

反面

正面

反面

中國清代 · 廣東省造錢幣

戶部造戊申年，大清銅幣十文銅元，中心（粵）字。

正面　　　　　　　　　　　　　　反面

廣東省造光緒元寶，庫平一錢四分四釐銀幣。

正面　　　　　　　　　　　　　　反面

中國清代・四川省造十文銅元

四川省銅元，有戶部和度支部之別，度支部較少。

正面

反面

正面

反面

正面

反面

正面

反面

中國清代‧江西省、江蘇省造十文銅元

　　江蘇省造銅元，也有齒邊銅元。

正面

反面

　　江西省造銅元較簡潔。

正面

反面

中國清代‧江蘇省、北洋發行十文銅元

　　這兩枚銅元，字跡清晰，圖紋未磨損，龍紋清楚，有立體感，難得品相。

正面　　　　　　　　　　　　反面

正面　　　　　　　　　　　　反面

中國清代‧江西省、浙江省造十文銅元

　　清代江西省、浙江省所鑄銅元較少見。

正面

反面

正面

反面

中國清代・湖南省造十文銅元

　　清代戶部造幣廠，鑄幣中心有各省（簡稱），而地方造幣廠只鑄有各省名稱。

正面

反面

正面

反面

中國清代・河南省造十文銅元

民國 17 年（1928 年）河南省造，貳百文銅元。

正面

反面

正面

反面

中國清代・小面值五文銅元

福建官局造，光緒元寶五文銅元。

正面

反面

戶部造丙午年，大清銅幣五文銅元，中心（鄂）字。

正面

反面

中國清代・山東省造十文銅元

山東省造戶部十文銅元，中心（東）字。

正面 　　　　　　　　　　　　　　　　反面

清代宣統元年（1909 年），德國租借區，山東省青島市發行的壹角貨幣，稱為（大德國寶）。

正面 　　　　　　　　　　　　　　　　反面

中國清代・新疆省造光緒銀圓

民國 18 年（1929 年），新疆喀什造十文銅幣。

正面　　　　　　　　　　　　反面

清代光緒年，喀造伍錢銀圓。

正面　　　　　　　　　　　　反面

民 國 初 期 ～ 民 國 時 期

民國初期・四川省造銅幣(五十文、壹百文)

中華民國元年軍政府造,四川銅幣五十文。

正面　　　　　　　　　　　　反面

中華民國 2 年軍政府造,四川銅幣壹百文。

正面　　　　　　　　　　　　反面

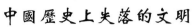
民國初期・貳拾文、十文銅幣

民國 8 年中華銅幣，貳拾文。

正面　　　　　　　　　　　反面

中華民國開國紀念幣，十文。

正面　　　　　　　　　　　反面

民國初期・雙旗銅幣

湖南省造二十文雙旗銅元，雙旗上方中間有花。

正面　　　　　　　　　　　反面

雙旗十文銅元，雙旗上方中間有花。

正面　　　　　　　　　　　反面

民國初期・雙旗十文銅幣

雙旗銅元，右旗有 4 星。

正面

反面

雙旗銅元，右旗無星。

正面

反面

清代光緒 32 年造・四川盧比銀幣

　　清朝廷爲抵制英屬印度盧比入侵中國所鑄銀幣，正面爲光緒皇帝半身側面像，主要用於四川、西藏地區。

正面　　　　　　　　　　　　　　　　反面

　　唐繼堯（1882 年～1927 年）雲南人，日本士官學校畢。在日本參加同盟會。（1915 年 12 月）與蔡鍔聯手起義討袁（世凱）護國（1916 年 5 月）組織軍務院，被推舉爲撫軍長於（1917 年）參加（護法運動）後因暗通北洋軍閥，於（1927年）逼退去職。

正面　　　　　　　　　　　　　　　　反面

民國初期·廣東省造錢幣

中華民國元年，壹仙銅幣。

正面   反面

中華民國 8 年，伍仙鎳幣。

正面   反面

民國初期‧小面值錢幣

民國 18 年廣東省造，壹毫銀幣。

正面　　　　　　　　　　　　反面

民國 29 年造，拾分鎳幣。

正面　　　　　　　　　　　　反面

中華民國 14 年（1925 年）・蒙古銀圓

1 桑吉、1/2 桑吉銀圓，（1937 年）蒙古遭蘇聯併吞。

正面　1 桑吉

反面　1 桑吉

正面　1/2 桑吉

反面　1/2 桑吉

民國（抗日戰爭前）發行的錢幣

抗日戰爭爆發，即已停止發行。

正面 　　　　　　　　　反面

正面 　　　　　　　　　反面

民國初期 20 年代發行之銅幣（珍稀品）

　　這兩枚銅幣，都在（抗日戰爭前）發行，抗日戰爭爆發，已停止發行，故它們的數量稀少。

正面

反面

正面

反面

220

民國時期・廣西省錢幣

廣西省造，民國 9 年，貳毫銀幣。

正面 反面

　　我最喜愛的這枚紀念章，民國 29 年 5 月中央造幣廠，桂林分廠 2 週年紀念章（稀珍品），抗日期間，中有一代偉人蔣總統像，並鑄有（抗戰必勝，建國必成）八字。

正面 反面

民國時期‧雲南省錢幣

雲南省造民國 21 年，庫平三錢六分半圓銀幣。

正面　　　　　　　　　　　反面

雲南省造民國 38 年，貳角銀幣。

正面　　　　　　　　　　　反面

清末民初銀圓（美品）

奉天省造，庫平一錢四分四釐銀幣。

正面　　　　　　　　　　　　反面

民國 3 年，袁大頭貳角銀幣。

正面　　　　　　　　　　　　反面

蔣總統　九秩誕辰紀念金幣

民國 65 年 10 月 31 日，總統　蔣公九秩誕辰紀念金幣。

正面　　　　　　　　　　　　　　　反面

（1997 年）香港回歸中國大陸紀念銀幣

正面　　　　　　　　　　　　　　　反面

中華民國建國六十年紀念幣

中華民國建國六十年紀念金幣。

正面　　　　　　　　　　　　　反面

中華民國建國六十年紀念銀幣。

正面　　　　　　　　　　　　　反面

孫中山、蔣中正紀念幣（金幣）

中華民國74年11月12日發行，國父孫中山先生壹佰貳拾歲誕辰紀念金幣。

正面　　　　　　　　　　　　　反面

中華民國75年10月31日發行，先總統　蔣公百年誕辰紀念金幣。

正面　　　　　　　　　　　　　反面

台灣電力公司創業百週年紀念章

　　中央造幣廠承製，1888年～1988年，慶祝台灣電力創業百
週年紀念銀質章。

正面　　　　　　　　　　　　　　　　反面

　　中央造幣廠承製，1888 年～1988 年，慶祝台灣電力創業
百週年紀念金質章。

正面　　　　　　　　　　　　　　　　反面

歐 洲 錢 幣

歐洲老銅幣（珍稀品）

法國（1656年）老銅幣。

正面

反面

（1751年）西班牙銅幣。　　（1784年）奧匈帝國銅幣。

歐洲銅幣・（1885年）葡萄牙、（1897年）法國

　　這兩枚銅幣，是在 25 年前澳門的（大山巴牌坊）前的古董店購買的。

　　1885 年葡萄牙銅幣。

正面　　　　　　　　　　　　　　　反面

　　1897 年法國銅幣。

正面　　　　　　　　　　　　　　　反面

歐洲錢幣・（1898年）西班牙、（1892年）荷蘭

1898 年西班牙銀幣。

正面

反面

1892 年荷蘭銀幣。

正面

反面

英國大型 1 便士銅幣

隨著英國東印度公司在亞洲的貿易，英國的錢幣也在亞洲地區流通。

正面

反面

正面

反面

英國東印度公司錢幣

　　隨著英國東印度公司在亞洲的貿易，英國的錢幣也在亞洲地區流通。

正面

反面

正面

反面

（1920年）英國東印度公司50¢、20¢銀幣

1920年英國東印度公司50¢銀幣。

正面　　　　　　　　　　　　反面

1926年英國東印度公司20¢銀幣。

正面　　　　　　　　　　　　反面

印度老銅幣、複打老銅幣

1857 年印度銅幣。

正面　　　　　　　　　　　　　　　　反面

　　1833 年印度銅幣，這枚銅幣因機器故障，造成上模塊沖打了兩次，形成重複的文字或圖案，這稱之為複打，屬稀少品。

正面　　　　　　　　　　　　　　　　反面

沙勞越錢幣（英國殖民地）

　　沙勞越這個國家，本屬英國殖民地，位在婆羅洲西北部，於 1963 年加入馬來西亞，盛產石油、稻米、橡膠。

　　英屬沙勞越（1870 年）銅幣。

| 正面 | 反面 |

　　英屬沙勞越（1927 年）銀幣。

| 正面 | 反面 |

（1970 年）伊朗大型巴勒維銀幣

正面

反面

（1947 年）巴拿馬大型銀幣

正面

反面

日本（明治 25 年）龍銀，左打銀字，大阪造

正面　　　　　　　　　　　　反面

英國早期 1/2 便士銅幣（威爾斯王子）

正面　　　　　　　　　　　　反面

外國金幣

1995 年，澳洲袋鼠金幣。

正面

反面

這枚奧地利音樂會金幣，是全世界很受歡迎的金幣。

正面

反面

現代的徐霞客

　　作者，在假日時喜愛各處旅遊，尤愛去各地的歷史博物館，國內的國外的，以及地方性的專題文物展示，也有興緻去參觀，因職業之便，時常客宿全國各地的英雄館，也跑遍了全台各地，連台南縣左鎮的（鸚鵡螺博物館）都去參觀過。

作者於風景區留景

作者年輕時頗愛素描

　　另外，美術中的素描也是我的喜愛，它能捉捕住世間的真
善美，我總認為，人者不論貧與富、貴與賤，心中常存著
（善良與愛）。心存（善良與愛）它會轉化成樂觀人生，也
能推動你往（真善美）的方向走下去。

參考書目及資料

1. 中國八千年器皿造形，吳山、徐思民、陸曄。藝術圖書公司，1994 年初版。

2. 孫機談文物。孫機。東大圖書公司，2005 年初版。

3. 故宮文物月刊。曾埳。1984 年 3 月，第一卷第十二期；1984 年 5 月，第二卷第二期；1984 年 6 月，第二卷第三期；1984 年 9 月，第二卷第六期。

4. 中國工藝美術史。田自秉。丹青圖書有限公司。

5. 鑑別錢幣。李英豪。藝術圖書公司，1995 年初版。

6. SUPERIOR STAMP AND COIN CO., INC. The Mount Vernon Sale November 15, 16, 17, 18, 1976, p. 128. ANCIENT JUDAEAN COIN.

7. 中國青銅器。馬承源主編。南天書局有限公司，1991 年初版。

8. 金玉青煙。楊炳禎先生珍藏明淸銅爐。國立歷史博物館，1996 年初版。

9. 金銀器。王仁波、盧桂蘭、劉良佑主編。幼獅文化事業有限公司，1995 年初版。

10. 1994 Standard Catalog of World Coins by Chester L. Krause and Clifford Mishler. Colin R. Bruse II, Editor 21st Edition.

11. 青銅器投資及鑑賞。李學勤主編。

12. 故宮青銅兵器圖錄。陳芳妹著，國立故宮博物院。

13. 中國歷代金銀貨幣通覽，近代金銀幣章卷。董文超主編。中國金融出版社、經濟導報社聯合出版。

14. 金銀幣鑒定。朱勇坤編著。福建美術出版社，2010年初版。

15. 中文百科大辭典。閻振興、高明。百科文化事業股份有限公司。

16. 18th CENTURY EDITION, 1701–1800, Standard Catolog of WORLD COINS By Chester L. Kvause and Clifford, Colin R. Bruce Ⅱ. Editor.

17. 上海博物館藏錢幣（外國錢幣）。上海博物館靑銅器研究部編。上海書畫出版社，1995年1月第1版。

18. （最新版）中國古錢圖錄（2007年12月）。主編：許光副、梁直、邱敬、張樂民。哈爾濱，黑龍江人民出版社。

19. 中國銅幣圖錄（2010年版）。主編：許光，副主編：梁直。哈爾濱，黑龍江人民出版社。